BEI GRIN MACHT SICH IHR WISSEN BEZAHLT

- Wir veröffentlichen Ihre Hausarbeit,
  Bachelor- und Masterarbeit

- Ihr eigenes eBook und Buch -
  weltweit in allen wichtigen Shops

- Verdienen Sie an jedem Verkauf

Jetzt bei www.GRIN.com hochladen und kostenlos publizieren

Alexander Sander

Die Studentenbewegung in der BRD von 1967 bis 1969 - ein kurzer Überblick

GRIN Verlag

Bibliografische Information der Deutschen Nationalbibliothek:

Die Deutsche Bibliothek verzeichnet diese Publikation in der Deutschen National-
bibliografie; detaillierte bibliografische Daten sind im Internet über http://dnb.d-
nb.de/ abrufbar.

Impressum:

Copyright © 2005 GRIN Verlag GmbH
Druck und Bindung: Books on Demand GmbH, Norderstedt Germany
ISBN: 978-3-638-92985-1

Dieses Buch bei GRIN:

http://www.grin.com/de/e-book/45078/die-studentenbewegung-in-der-brd-von-
1967-bis-1969-ein-kurzer-ueberblick

Phillipps-Universität Marburg
Fachbereich 03 – Institut für Politikwissenschaft
PS – Das politische System der BRD

Leistung: kleine Hausarbeit
Wintersemester 2004/05

Die Studentenbewegung in der BRD von 1967 bis 1969

vorgelegt von:

Alexander Sander

Inhaltsverzeichnis:

Die Studentenbewegung in der BRD von 1967 bis 1969

1. Einleitung:

Im Jahr 1967 entstand in Deutschland eine Studentenbewegung, geprägt durch marxistische Ansichten, die sich zum Ziel setzte, die Gesellschaft zu verändern. Noch im Jahr 1965 wurde die Jugend, die nur zwei Jahre später protestierend durch die Strassen zog, wie folgt beschrieben: „Aber was sich auch ereignen mag, diese Generation wird nie revolutionär, in flammender kollektiver Leidenschaft auf diese Dinge reagieren." (Schelsky, in Langguth 1983, S. 19) Auch andere Sozialwissenschaftler stellten ähnliches fest, so auch Friedeburg 1965: „Überall erscheint die Welt ohne Alternativen, passt man sich den jeweiligen Gegebenheiten an, ohne sich zu engagieren, und sucht sein persönliches Glück in Familienleben und Berufskarriere. In der modernen Gesellschaft bilden Studenten kaum mehr ein Ferment produktiver Unruhe. Es geht nicht mehr darum, sein Leben oder gar die Welt zu verändern, sondern deren Angebote bereitwillig aufzunehmen und sich in ihr, so wie es nun einmal ist, angemessen und distanziert einzurichten." (Friedeburg in Langguth 1983, S. 19)

Die Studentinnen und Studenten, die nicht mehr von den Erfahrungen des Totalitarismus geprägt waren (Langguth 1983, S. 20), konnten jedoch schon zwei Jahre später den Sozialwissenschaftlern Friedeburg und Schelsky durch ihren zunehmenden Aktionismus widersprechen.

Inwieweit die Bewegung ihre Ziele umsetzten konnte, wie sie entstand und wie sie verlief, soll in der folgenden Arbeit erörtert werden. Besondere Beachtung wird dabei dem Zeitraum von 1967 bis 1969 geschenkt.

2. Ausgangssituation in Deutschland vor der Studentenbewegung - Die Bundesrepublik Deutschland am Vorabend der Protestbewegung:

Um die Studierendenbewegung, die im Jahre 1967 in der BRD verstärkt eintrat, genauer erklären zu können, muss vorerst die gesellschaftliche, politische sowie die ökonomische Situation, in der sich die protestierende Generation befand, beleuchtet werden.

Im Jahr 1967 stand die Bundesrepublik nach einer konjunkturellen Abstiegsphase einem, fast am Nullpunkt angekommenen Wachstum des Bruttosozialprodukts gegenüber. Der vorangegangene Preisanstieg in den Jahren 1965 (um 3,4%) und 1966 (um 3,5%), die Kohlekrise im Ruhrgebiet und die, besonders in der Landwirtschaft, erkennbare Rezession, führten in einigen Gebieten der BRD sogar zu einer Krisenangst. Begründet werden kann dieser Einbruch der Wirtschaft vor allem durch den Rückgang der öffentlichen und privaten Investitionen. (Vgl. Borowsky, 1998, S. 10; Rupp, 2000, S. 142f)

Ein unmittelbarer Einfluss der ökonomischen Krise lässt sich auf politischer Ebene an den Landtagswahlergebnissen und den damit verbundenen ersten Erfolgen der NPD erkennen (zum Beispiel der Einzug der NPD in die Landtage in Bayern und Hessen). Auf Bundesebene lässt sich nach den Wahlen vom 19. September 1965 ein deutlicher Stimmenzuwachs bei CDU/CSU und SPD erkennen, wohingegen die FDP ein Grossteil von Stimmen einbüßen musste. Dennoch wurde die bewährte Regierungskoalition von CDU/CSU und FDP vorerst fortgesetzt. Am 27. Oktober 1966 endete diese Regierungskoalition nach heftigen Auseinadersetzungen um den Hauhaltsplan. Die FDP-Fraktion entschloss sich mehrheitlich aus dem Kabinett auszutreten und einen Tag später, am 28. Oktober 1966, traten die vier FDP-Minister zurück. Nachdem die folgenden Koalitionsverhandlungen zwischen den beiden ehemals regierenden Parteien endgültig scheiterten, einigten sich die CDU/CSU und SPD am 26. November 1966 auf eine „Große Koalition". Neuer Bundeskanzler wurde Kurt Georg Kiesinger (am 1. Dezember 1966 vom Bundestag mit 340 Stimmen gewählt), Willy Brandt wurde Vizekanzler und Außenminister. Die SPD war damit zum ersten Mal in ihrer Geschichte an einer Bundesregierung beteiligt. (Vgl. Lehmann, 2002, S. 159, 161)

Die politische Haltung der Bundesregierung gegenüber der Dritten Welt, die sich zum Beispiel in der Unterstützung diktatorischer Systeme im Kongo äußerte, der Vietnamkrieg ab 1964 sowie Protestbewegungen in den USA und europäischen Ländern gelten auch, vor allem in ihrer Anfangphase, als Ursachen der Studentenbewegung. (Vgl. Rupp, 2000, S. 145; Bauß, 1977, S. 48)

Da insbesondere junge Menschen an der außerparlamentarischen Opposition, wie die Studentenbewegung auch genannt wurde, beteiligt waren, soll noch ein kurzer Blick auf die Generation der protestierenden Jugend geworfen werden. In den Jahrgängen von 1910 bis 1935 konnte man/frau eine zahlenmäßige Schwäche deutlich erkennen. Diese wird durch die zwei Weltkriege sowie die Weltwirtschaftskrise 1929 begründet. Gerd Langguth stellte in diesem Zusammenhang fest: „Insbesondere aber muss das Fehlen einer demokratischen Tradition konstatiert werden, das ein normatives Defizit in der Einstellung zur Demokratie bei weiten Teilen der jungen Generation bewirken musste." (Langguth, 1983, S. 20)

In den folgenden Abschnitten soll nun erörtert werden inwieweit diese Umstände auf die Protestbewegung bis 1969 einwirkten. Die eben erkannten Rahmenbedingungen sollen dabei weiter ergänzt werden.

3. Die erste Phase des studentischen Protests:

Zentrum des studentischen Protests war zu Beginn der Bewegung Westberlin beziehungsweise die Freie Universität Berlin. Die Studierenden waren an dieser Universität durch das „Berliner Modell" weit mehr in den Entwicklungsprozess der Universität integriert als Studierende an anderen Universitäten der Bundesrepublik. Die Satzung der FU Berlin beinhaltete das Recht der Mitsprache in den Gremien durch die Studenten/innen und die damit verbundene Gemeinschaft von Lehrenden und Lernenden. Allerdings stellten die Lernenden nach und nach fest, dass „die Mitbestimmungsbefugnis, die ihnen eingeräumt war im Akademischen Senat und in den Fakultäten, gar nicht bis zur entscheidenden Dimension reichte; nämlich bis zur Mitbestimmung im tatsächlichen Prozess des wissenschaftlichen Arbeitens an der Universität." (Lefèvre, 1968, S. 51)

5

Diese Erkenntnis der Studierenden ging einher mit immer weiterführenden Einschränkungen im Bereich ihres Mitbestimmungsrechts durch die Universitätsadministration. Beispielhaft für derartige Einschränkungen ist die Aberkennung des Stimmrechts der Studenten/innen der juristischen Fakultät an der FU Berlin bei Berufungsverfahren. (Vgl. Bauß, 1977, S. 44f)

Die erste bedeutende Auseinandersetzung zwischen den Studenten/innen und der FU fand am 7. Mai 1965 statt. Der Rektor der Universität sprach ein Hausverbot gegen Erich Kuby aus, um dessen Auftritt bei der Podiumsdiskussion des AStA zum Thema des 20. Jahrestages der Niederlage des Faschismus zu verhindern. Kuby hatte zuvor (1958) die Namensgebung „Freie Universität" in Frage gestellt. Einhergehend mit dem Hausverbot wurde der Vertrag des, seit 1963 am „Otto-Suhr-Institut" beschäftigten Assistenten (Fachbereich Politische Wissenschaft), Ekkehart Krippendorff nicht verlängert, „weil dieser in einer Zeitung behauptet hatte, der Rektor habe sich geweigert, Karl Jaspers zum 8. Mai in die FU einzuladen". (Bauß, 1977, S. 48) Diese beiden Faktoren führten schließlich zu einer ersten wichtigen Demonstration von Studenten der FU. (Vgl. Langguth 1983, S. 25; Bauß 1977, S. 47f)

Ab 1966 demonstrierten die Studenten/innen nun auch erstmals gegen die amerikanische Politik, hauptsächlich gegen den Vietnamkrieg. Die erste große Aktion in diesem Rahmen fand am 5. Februar 1966 in Berlin statt, an der etwa 2000 Demonstranten/innen teilnahmen.

Die folgenden Demonstrationen wurden um einige Inhalte, wie zum Beispiel die Notstandsverfassung, erweitert. Innerhalb kürzester Zeit (Dezember 1966 bis April 1967) fanden in Berlin sieben größere Demonstrationen zu diesen Themen statt. (Vgl. Bauß 1977, S. 49; Langguth 1983, S. 26)

Für die Studierendenbewegung nahm durch diese Entwicklungen Westberlin eine Sonderstellung ein und gilt als Ausgangsort und Zentrum des studentischen Aufbegehrens.

Als bis dahin traurigster Höhepunkt der Protestbewegung ging der 2. Juni 1967 in die Geschichte ein, der allerdings auch als Anstoß für die folgende Erstarkung der Bewegung und der Formierung der außerparlamentarischen Opposition gesehen wird.

4. Der 2. Juni 1967 – der Protest in seiner zweiten Phase:

Am 2. Juni 1967 fand vor dem Schöneberger Rathaus in Berlin eine Anti-Schah-Demonstration, wie in vielen anderen deutschen Städten, statt. Anlass dieser Versammlung war der Staatsbesuch von Reza Pahlwi, dem Schah von Persien. Für die Studenten/innen „wurde (der Schah, A.S.) begriffen als Inkarnation der Unterdrückung und maßlosen Ausbeutung eines ganzen Volkes, als blutiger Diktator, der im Interesse einer kleinen Oberschicht und großer US-Konzerne die Macht usurpierte und jede Reform brutal erstickt hatte". (Bauß 1977, S. 52) Während dieser Demonstration wurde am Abend der Student Benno Ohnesorg von dem Polizisten Karl-Heinz Kurras erschossen.

In den folgenden Tagen, vom 2. Juni bis zum 9. Juni 1967, fanden unzählige Trauerkundgebungen, Schweigemärsche sowie Protestaktionen im gesamten Bundesgebiet statt, an denen sich über 100000 Studenten/innen beteiligten. (Vgl. Bauß 1977, S. 54f; Lehmann 2002, S. 165)

Inhalt, unmittelbar nach dem Tod Ohnesorgs, stattfindender Proteste war allerdings nicht nur das brutale Vorgehen der Polizei, sondern auch die Empörung über das Verhalten des Berliner Senats und Bürgermeisters. Besonders der Bürgermeister Berlins, Heinrich Albertz, wurde Ziel der politischen Verärgerung in den breiten Massen der Studierenden, da er bedauerte, „dass ein Gast der Bundesrepublik Deutschland in der deutschen Hauptstadt beschimpft und beleidigt wurde", allerdings kein Bedauern über den kurz zuvor verstorbenen Studenten zum Ausdruck brachte. (Vgl. Bauß 1977, S. 55)

Direkte Folge für die Studierendenbewegung war eine breite Solidarisierungswelle, nicht nur auf studentischer Ebene. Somit kann in diesem Zusammenhang eher von einer außerparlamentarischen Opposition gesprochen werden als von einer „reinen" Studierendenbewegung, wobei allerdings die Studenten/innen immer noch den größten Teil der Bewegung ausmachten.

Der Grund für die breite Solidarisierung hat verschiedene Gründe. Eine der Hauptursachen war, dass die Studierenden schon vor dem 2. Juni durch die große Koalition desillusioniert waren und den „Glauben" an das parlamentarische System verloren hatten. Im Bundestag gab es nach der Bildung der CDU/CSU und SPD Koalition 1966 keine wirkliche Opposition im Bundestag mehr (einzig die FDP stand der Regierungskoalition mit 49 Sitzen als Opposition gegenüber). (Vgl. Lehmann 2002, S. 158)

Nach dem Tod Benno Ohnesorgs verschärfte sich das Misstrauen der Bewegung enorm, da sich die Kritiker und ihrer Anhänger in ihrer Wahrnehmung, eines zerrütteten parlamentarischen Systems sowie einem unzuverlässigen rechtsstaatlichem juristischem Systems gegenüberzustehen, nun umso deutlicher bestätigt fühlten. (Vgl. Jacoby/Hafner 1993, S. 150; Bauß 1977, S. 66) Im selbem Atemzug wurde auch die zunehmende Faschisierung Kernpunkt des Protests. Nicht nur, der seit 1966 in das Amt des Bundeskanzlers eingetretene, Kurt Georg Kiesinger als ehemaliges NSDAP Mitglied erhitzte die Gemüter, auch zunehmende Stimmengewinne der NPD bei Wahlen, die nicht informierenden und ablenkenden Medien sowie ehemalige NSDAP Mitglieder in den deutschen Gerichten gehörten für die Bewegung zu dem immer deutlicher werdenden „Rechtsruck" in der BRD. (Vgl. Borowsky 1998 S. 10; Bauß 1977, S. 77; Rupp 2000, S. 146)

In Hannover fand am 9. Juni ein Kongress unter dem Titel „Hochschule und Demokratie" statt, auf dem unter anderem über neue Aktionsformen diskutiert wurde. Rudi Dutschke verlangte zum Beispiel während des Kongresses den Fortgang der Anti-Springer-Kampagne, da sich vor allem der Springer Verlag gegen die Studierendenbewegung in seiner Berichterstattung richtete und zum großen Teil als mitverantwortlich für die Tötung an Ohnesorg erklärt wurde. Um die Kampagne erfolgreich voranzutreiben, forderte Dutschke (auch während seiner Rede auf dem Kongress) „umgehend Aktionszentren in den Universitäten der BRD aufzubauen" mit dem Ziel den Springer Konzern zu enteignen. (Vgl. Bauß 1977, S. 62f, 69; Langguth 1983, S. 28)

Die folgenden Monate waren gespickt mit zahlreichen Aktionen, von der „Kaufhausdemonstration" am 26. August 1967, die sich gegen den Beschluss des Berliner Senats, in Bezug auf die genehmigten, verlängerten Öffnungszeiten am Wochenende richtete, über den „Go-in" bei einem Vortrag von Carlo Schmidt in Frankfurt, am 20. November selbigen Jahres, der sich gegen die Notstandsgesetze aussprach, um nur zwei dieser Proteste vorerst zu nennen (Vgl. Bauß 1977 S. 92; Jacoby/Hafner 1993, S. 141).

Am 21. November 1967 wurde der Polizist, welcher Benno Ohnesorg erschossen hatte, freigesprochen, da ihm nicht nachgewiesen wurde, dass er nicht aus einer Nothandlung heraus geschossen hatte. Nur wenige Tage später, am 27. November, begann der Prozess gegen Fritz Teufel, Mitglied der Kommune 1. Beide Ereignisse wirkten weiter polarisierend auf die Protestbewegung. (Uesseler 1998, S. 283)

5. Die dritte Phase des Protests - Mordanschlag auf Rudi Dutschke und der Ostermarsch 1968

Mit dem Mordanschlag auf Rudi Dutschke am 11. April 1968 erhitzen sich die Gemüter der außerparlamentarischen Opposition erneut – es folgten schwere Unruhen, gepaart mit einer Gewalttätigkeit, die die BRD zuvor selten erlebt hatte. Nachdem der „Studierendenführer" gegen 16.30 Uhr an diesem Gründonnerstag von dem arbeitslosen Hilfsarbeiter Josef Bachmann (ihm wird nachgesagt, er sei regelmäßiger Bild-Leser) auf dem Berliner Kurfürstendamm lebensgefährlich angeschossen wurde, rückte erneut der Springer-Verlag in das Visier der Protestierenden. Schon am selben Abend wurde das Berliner Springer-Hochhaus mit Steinen beworfen und fünf Lieferwagen des Konzerns in Brand gesteckt. Am folgenden Morgen wurde die Auslieferung der BILD Zeitung in vielen Städten der BRD verhindert (zum Beispiel in Hamburg, Frankfurt; Köln und München), beziehungsweise für einige Stunden verzögert (zum Beispiel in Esslingen und Hannover).

Die alljährliche Ostermarschbewegung, die sich zu Beginn gegen Atomwaffen und allmählich gegen Militarisierung allgemein wendete, erfuhr 1968 ihren größten Zustrom. Höhepunkt war der Ostermontag, an dem in 20 Städten der BRD circa 45000 Demonstranten 21000 Polizisten gegenüberstanden. Die erschütternde Bilanz dieses Tages: 2 Tote (der Reporter Klaus Frings und der Student Rüdiger Schreck) und über 400 Leicht- und Schwerverletzte. Insgesamt zählte man während der gesamten Ostertage 300000 Protestierende, während vor allem die Jugend, nach dem Mordanschlag 1968 auf Rudi Dutschke (verstarb an den Spätfolgen des Attentats 1979), als desillusioniert einhergehend mit einer ohnmächtigen Wut und Verzweiflung gegen das System der BRD beschrieben werden kann (Vgl. Uesseler 1998, S. 295; Bauß 1977, S. 104).

6. Die vierte Phase der Bewegung: Höhepunkt, Niedergang und unmittelbare Folgen der Protestbewegung:

Nicht nur international gesehen erreichte die Protestwelle im Frühling 1968 ihren Höhepunkt. In der BRD versammelten sich am 11. Mai 1968 80000 Demonstranten zu einem Sternenmarsch in Bonn, um sich gegen die Notstandsgesetzte, die teilweise auch als NS-Gesetze bezeichnet wurden, auszusprechen. Kernpunkte der Kritik an der bevorstehenden Gesetzesänderung, die auch von Kirchen und vor allem von Gewerkschaften mitgetragen wurden, waren hauptsächlich das Außerkraftsetzen der Grundrechte der Demokratie im so genannten Notstand, welcher von der Regierung und/oder der NATO ausgerufen werden konnte und nicht näher präzisiert wurde. So konnte im „Notfall" den Bürgerinnen und Bürgern der BRD das Recht auf freie Meinungsäußerung abgesprochen werden, die Versammlungsfreiheit, das Postgeheimnis und das Recht der Freizügigkeit sowie die freie Berufswahl aufgehoben werden. Besonders die Gewerkschaften sahen darin einen großen Einschnitt in ihren Rechten, da sie somit ihrer wichtigsten „Waffe" beraubt wurden, dem Streikrecht. Weiterhin war es der Regierung möglich nach Verabschiedung des Gesetzes die Bundeswehr im Inneren der BRD als Ordnungsmacht einzusetzen und die Wissenschaftsfreiheit aufzuheben. (Vgl. Uesseler 1998, S. 299ff; Lehmann 2002, S. 168; Vgl. Jacoby/Hafner 1993, S. 157) Erste größere Aufbegehren gegen die Notstandsgesetze, die auch als Voraussetzung für die kommenden Proteste galten, fanden schon im Mai 1965 mit dem Kongress „Demokratie vor dem Notstand" in Bonn (15000 Beteiligte) und dem Kongress „Notstand der Demokratie" in Frankfurt im Oktober 1966 (20000 Beteiligte) statt.

Insbesondere während der Notstandsbewegung konnte man eine Solidarisierung zwischen Studierenden und Gewerkschaften erkennen. Die ab den 60er Jahren beginnenden gemeinsamen Aktivitäten fanden 1968 ihren Höhepunkt. Als Kooperationszentrum für gewerkschaftlichen und studentischen Protest galt Frankfurt am Main, da der SDS sowie die IG Metall ihren Sitz in dieser Stadt hatten. Die gemeinsame Arbeit junger Gewerkschafter und der Studierenden wurde meist über gemeinsame Gruppen - gewerkschaftliche Studentengruppen oder Bildungsteams, zum Beispiel ein Teamerkreis von Studenten des SDS Frankfurt, der mit Mitgliedern des IG-Chemie-Bezirksjugendausschusses 1962/63 Lehrgänge entwickelte, um die Bildungsarbeit voranzutreiben und somit einer Politisierung von Arbeiterjugendlichen beitrug - organisiert und durch Funktionäre der Gewerkschaften unterstützt. (Vgl. Oetjen 1978, S. 31f, 37; Seifert 1978, S. 51; Müller 1978, S. 45)

Diese Zusammenarbeit wird von Jürgen Seifert wie folgt beschrieben: „Ohne den Zusammenklang der Antinotstandskampagne von Gewerkschaften und der studentischen Protestbewegung hätte es keine Bewegung gegen die Notstandsgesetze gegeben, die als gesellschaftliche Kraft von den Bonner Politikern erstgenommen werden musste." und „Intellektuelle, die auf Gewerkschaftsversammlungen reden sollten, brauchte man, um auch über die Einzelheiten informiert zu werden." (Seifert 1978, S. 48f)

Am 30. Mai 1968 wurden trotz der Proteste und Demonstrationen die Notstandsgesetze im Bundestag, mit 384 gegen 100 Stimmen, verabschiedet und somit das Ende der Kampagne eingeleitet. (Vgl. Lehmann 2002, S. 168)

Die Studenten/innen begannen sich nun verstärkt wieder auf hochschulpolitische Themen zu konzentrieren und man/frau konnte eine nachlassende Resonanz in der Bevölkerung deutlich spüren. Der SDS, der zuvor den Führungsanspruch nicht ohne Grund verdient hatte, verlor immer mehr an Einfluss und löste sich letztendlich am 21. März 1970 in Frankfurt auf. Die Studentenbewegung begann sich zunehmend zu zersplittern und in kleineren neuen Organisationen zu formieren, wodurch allerdings die „Schlagkraft" der einstigen Bewegung verloren ging. Auch klassische, schon bestehende Organisationen wurden von großen Teilen der ehemaligen Studentenbewegung aufgesucht. Die Jusos, die Jugendorganisation der SPD, und die verschiedensten Gewerkschaften galten dabei als erste Anlaufpunkte für die Studentinnen und Studenten. Zwar fanden nach den Notstandsdemonstrationen weitere große Kundgebungen und Aktionen statt, letztendlich konnte aber spätestens ab 1969 nicht mehr von einer Studierendenbewegung gesprochen werden. (Jacoby/Hafner 1993, S. 163; Langguth 1983, S. 28, Oetjen 1978, S. 42)

Die gemäßigte Mehrheit der Studenten/innen konnte insbesondere im Jahr 1969 beruhigt werden, da die Politik sich vorerst einige ihrer Ziele zueigen machte, was eine „Besänftigung" der Masse der Studierenden zur Folge hatte. Nicht nur die Wahl Gustav Heinemanns zum Bundespräsidenten am 5. März 1969, auch die kommende Bundestagswahl am 28. September 1969 gehörten dazu. So konnte Willy Brandt (SPD) mit dem Motto „mehr Demokratie wagen" und der Forderung, die Demokratie auf gesellschaftliche Bereiche auszudehnen, viele Bürgerinnen und Bürger mit seiner Regierungserklärung für sich und seine Partei gewinnen und einen beachtlichen Teil der einstigen Protestbewegung beruhigen. Zwar wurde die CDU/CSU mit 46,1% der abgegebenen Zweitstimmen erneut stärkste Partei im Bundestag, doch die Regierungskoalition bildeten die SPD (42,7% der abgegebenen Zweitstimmen) und die FDP (5,8% der abgegebenen Stimmen). Die NPD konnte mit 4,3% nicht in den Bundestag einziehen, auf alle anderen kandidierenden Parteien entfielen insgesamt nur 1,1% der Stimmen. (Vgl. Klingemann/Pappi 1970, S. 113; Rupp 2000, S. 148)

7. Fazit:

Es wurde versucht, mit dieser Arbeit, einen Einblick in die Ereignisse von 1967 bis 1969 zu gewähren. Als besonders problematisch hat sich die gigantische Fülle von Ereignissen, die, wenn sie alle genannt worden wären den Rahmen dieser Arbeit gesprengt hätten, herausgestellt. Nicht nur, dass der Bewegung der außerparlamentarischen Opposition eine längere gesellschaftliche Entwicklung zugrunde liegt, als das sie hier erklärt werden konnte, sondern auch insbesondere regionale Unterschiede der Bewegung, die in dieser Arbeit nur skizzenhaft angedeutet werden konnten, führen dazu, sich auf ausgewählte Ereignisse zu beschränken.

Schlussendlich lässt sich feststellen, dass die außerparlamentarische Opposition Ende der 60er Jahre als Revolte angesehen werden kann, „die sich gegen eine reiche, konsumistische und ganz offensichtlich befriedigte Gesellschaft richtete, eine Gesellschaft, die als frei von sozialen Problemen und jedweder Form von Konflikten galt." (Agnoli 1998, S. 251f)

Der Bewegung schlossen sich hauptsächlich Jungendliche an, wobei jedoch auch festgehalten werden muss, dass auch große Teile anderer Gesellschaftssichten an dem Protest beteiligt waren.

Dass die Revolte an ihren Zielen gemessen scheiterte, ist unbestritten, dennoch kann man die Auswirkungen noch heute erkennen.

Nicht nur, dass die am Ende der 60er Jahre entdeckten neuen Protestformen immer noch angewandt werden, auch in den neu entstandenen Bewegungen, beispielsweise Ökologie- oder Frauenbewegung, sind die Auswirkungen und somit auch Erfolge der „68er" wieder zu finden. Johannes Agnoli schrieb dazu 1998: „'68 hat die Gesellschaft also grundlegend verändert: sicher nicht die Produktionsweise (hier liegen die Grenzen einer reinen Kulturrevolution), aber ein gesamtes System von Werten und Verhaltensnormen." (Agnoli 1998, S. 270)

Hans Karl Rupp schreibt zu den Auswirkungen der Bewegung: „Wenn die Forderung nach Demokratisierung zumeist auch nur uneingelöste Forderung blieb, so bewirkte die >Studentenbewegung< und ihr Übergreifen auf weitere Teile des Bildungsbereiches doch eine erhebliche Veränderung der >politischen Kultur< der Bundesrepublik." (Rupp 2000, S. 147)

Es lässt sich also letztendlich feststellen, dass die Revolte der Studenten, wie fast alle Revolten der Geschichte, scheiterte, aber mehr oder weniger weitreichende Veränderungen im gesellschaftlichen sowie im politischen System der Bundesrepublik Deutschland hervorgebracht haben.

8. Literaturverzeichnis:

Agnoli, Johannes: 1968 und die Folgen; ça-Ira-Verlag 1998, Freiburg

Bauß, Gerhard: Die Studentenbewegung der sechziger Jahre Handbuch; Pahl Rugenstein Verlag 1977, Köln

Borowsky, Peter: Große Koalition und Außerparlamentarische Opposition, in: Informationen zur politischen Bildung: Zeiten des Wandels, Deutschland 1961-1974; Bonn, 1. Quartal 1998

Jacoby, Edmund/Hafner, Georg M. (Hrsg.): 1968 – Bilderbuch einer Revolte; Verlag: Büchergalerie Gutenberg 1993, Frankfurt am Main

Klingemann, Hans D./ Pappi, Franz Urban: Die Wählerbewegungen bei der Bundestagswahl am 28. September 1969; in: politische Vierteljahrsschrift, 11.Jahrgang, März 1970 Heft 1; Westdeutscher Verlag 1970, Köln/Opladen

Küsel, Gudrun (Hrsg.): APO und Gewerkschaften, Von der Kooperation zum Bruch, mit Texten von: Oetjen, Hinrich: Die Zusammenarbeit von Studenten und Gewerkschaften in der Jugendbildung und der Notstandsbewegung; Seifert, Jürgen: Die Spaltung der Notstandsopposition und „verrechtlichte" oder „entrechtlichte" Gewerkschaftspolitik; Müller, Jochen: 1967/68: Das Ende einer erfolgreichen Kooperation; und anderen Autoren; Verlag: Olle & Wollter 1978, Berlin

Langguth, Gerd: Protestbewegung, Entwicklung – Niedergang – Renaissance, Die Linke seit 1968; Verlag Wissenschaft und Politik 1983, Köln

Lehmann, Hans Georg: Deutschland-Chronik 1945 bis 2002, Bundeszentrale für politische Bildung 2002, Bonn

Rupp, Hans Karl: Politische Geschichte der Bundesrepublik Deutschland; Oldenburg Wissenschaftsverlag 2000, München

Uesseler, Rolf: Die 68er: „Macht kaputt was Euch kaputt macht!" APO, Marx und freie Liebe; Wilhelm Heyne Verlag 1998, München